QUELQUES LARMES

SUR LE TOMBEAU

DE MONSEIGNEUR

LE DUC D'ENGHIEN.

QUELQUES LARMES

SUR LE TOMBEAU

DE MONSEIGNEUR

LE DUC D'ENGHIEN,

Par M. ROGER,

CURÉ DE VINCENNES.

Quæ est expectatio mea ? Nonne Dominus ?
Quelle est mon attente ? N'est-ce pas le Seigneur ? Ps. 38.

Ce furent les dernières paroles du héros chrétien dont nous célébrons aujourd'hui la pompe funèbre.

PARIS,

LEBÉGUE, Imprimeur-Libraire, rue des Rats, n⁰ 14, près la place Maubert ;
PETIT, Libraire de S. A. R. Mgr. le duc de Berry, Palais-Royal, galerie de bois, n⁰ 257 ;
LE NORMANT, Imprimeur-Libraire, rue de Seine, n⁰ 8 ;
PILLET, Imprimeur-Libraire, rue Christine, n⁰ 5 ;
BLANCHARD, Libraire, Palais-Royal, galerie de bois, n⁰ 249 ;
PLANCHER, rue de la Harpe, n⁰ 26.

1814.

QUELQUES LARMES

SUR LE TOMBEAU

DE MONSEIGNEUR

LE DUC D'ENGHIEN.

A QUELLE extrêmité suis-je réduit! Dois-je me taire? dois-je parler? Dois-je me taire où le devoir me presse de parler? dois-je parler où tout ce qui m'environne inspire le recueillement et le silence? Dois-je me taire quand l'arme meurtrière vient frapper le héros? dois-je parler quand l'épée de l'honneur repose sur le corps encore tout sanglant d'un Prince adoré? Les grandes douleurs sont ordinairement muettes, et la mienne est inexprimable. Que vois-je aujourd'hui, Messieurs? L'église tendue de noir, des habits de deuil, des torches funèbres! Qu'entends-je? des chants lugubres, des sons de mort, des gémissemens et des soupirs! O nuit d'épouvánte et d'horreur! crois-tu qu'en couvrant de tes sombres voiles la plus odieuse des perfidies, qu'en dérobant à nos yeux le plus horrible des spectacles, tu surprendras aussi nos oreilles? Non, nous ne dormions pas; l'amour et la crainte veillent sans cesse : l'un et l'autre étaient en garde au moment où ils entendent sonner minuit. Environ une heure après, l'orage commence à se former; un seul éclair pâle serpente dans l'abîme.... un bruit sourd se propage... la foudre éclate... la victime est frappée.... Tendre amitié, tu es trahie! droit des Nations, tu es violé! pure innocence, tu es calomniée! intégrité sans égale, tu es con-damnée! sang de saint Louis, tu es versé! Le Duc d'Enghien n'est plus!..... N'attendez pas ici de moi, mes chers auditeurs, son oraison funèbre; je viens simplement verser avec vous quelques larmes sur son tombeau. Daignez m'honorer de votre attention.

Appelé par la Providence à la cure de Vin-cennes, mon premier soin fut de demander où reposent les mânes du bien - aimé Duc d'Enghien, que j'avais eu l'honneur de connaître et d'accompagner souvent dans les pays étran-gers. Un brave habitant de ce pays m'offre de

me conduire, à la faveur de la nuit, sur les
bords du précipice où, de ses propres yeux, le
ventre contre terre, il avait vu jeter la victime.
« Est-ce bien là, lui dis-je? il m'importe abso-
lument de le savoir. — Oui, me répliqua-t-il ;
entre ces deux bornes, au pied de la tour, là,
sous ces décombres. — Là, sous ces décombres
repose le petit-fils du Grand Condé, le Duc
d'Enghien?... — Oui, continua-t-il, dans ces
lieux profanes. » Je ne sais plus ce que je de-
vins alors : un quart-d'heure se passa sans
que je pusse reprendre mes sens. Enfin, je
r'ouvris les yeux à la lumière, et ce fut pour en
laisser couler un torrent de larmes. « Prenez
garde, observa mon généreux conducteur ;
votre sensibilité pourrait nous trahir. — Ah ! s'il
est défendu, m'écriai-je, de pleurer ici ce qu'on
aime, j'irai le pleurer dans mon église, où Dieu
seul sera témoin de mes regrets et de mes an-
goisses. — Permettez que je vous accompagne,
me dit cet honnête homme, pour partager votre
douleur; et puisque vous avez connu ce malheureux Prince, ne me refusez pas la grâce de
me raconter son histoire. » Alors au pied des
autels, le 26 juin de l'année dernière, à dix
heures du soir, éclairé d'une lanterne sourde,

je commence un récit cent fois entrecoupé par les sanglots de mon cœur.

Monseigneur le Duc d'Enghien, prince du sang royal, fils de Louis-Henri-Joseph, Duc de Bourbon, et de Louise-Thérèse-Mathilde, princesse d'Orléans, naquit à Chantilli, le 2 du mois d'août 1772. Dès l'âge le plus tendre, il manifesta des sentimens de grandeur et de générosité, apanage réservé aux âmes privilégiées.

Recevant, un premier jour de l'an, les félicitations des personnes attachées à son service, qui l'accablaient de souhaits et de bénédictions, il leur répondit : « Je suis sensible aux marques d'attachement que vous me donnez ; toute mon ambition serait de faire des heureux. — Nous le sommes, répliquent d'une voix unanime ses fidèles serviteurs : près de vous, mon Prince, que manquerait-il à notre bonheur ? Et Monseigneur, est-il content de nous, ajoutent-ils ! — Oui, dit le Prince, je suis content de vous, mais je ne le suis pas de moi ; je pourrais moins exiger, et faire davantage. »

Le trait suivant ne mérite pas moins d'être publié. Il n'avait que dix ans lorsque s'en retournant, un dimanche, de Vincennes à Saint-Maur, accompagné de deux gentils-hommes de sa maison, il aperçoit dans une des allées les plus couvertes un groupe de soldats qui, après s'être injuriés, commençaient à se frapper les uns les autres. Sans perdre un moment, quittant ses compagnons de voyage, il s'approche des champions et leur dit avec un air qui annonçait son élévation: « Est-ce ainsi que se battent les gens du Roi ? » On cesse à l'instant. Il demande le sujet de la rixe. « C'est, mon petit Seigneur, répond un vétéran qui se trouvait de la partie, c'est ce recru-là qui ne veut point payer sa bienvenue. » — N'est-ce que cela, réplique le jeune prince inconnu ? hé bien ! je la paierai pour lui. Tenez, voilà un louis, buvez à la santé du Roi ; mais souvenez-vous que des militaires ne vident pas ainsi leurs querelles. » Arrive bientôt l'époque où son éducation est confiée à des hommes habiles et vertueux qui ; en lui montrant le sentier de la religion et de l'honneur, osèrent lui dire la vérité, qu'on laisse souvent ignorer aux princes. Parlez, chevalier de Virieu, combien de fois vous êtes-vous permis de lui dire : « Prince, il faut obéir, pour savoir un jour commander. » L'auguste élève, docile aux leçons de sagesse qu'il recueillait avec empressement, répondait avec tant de grâce : « Le premier est beaucoup plus facile que le second ; je pense qu'il vaut mieux recevoir des ordres que d'en donner. »

Vous dirai-je que, touchant à peine à son troisième lustre, il ne goûtait de vrai plaisir que dans les bonnes œuvres. Au lieu d'employer ses momens de récréation en divertissemens et en jeux, il passait de ses exercices à la pratique des vertus. Allons faire des visites, disait-il à son gouverneur. Mais quelles visites, mes frères ! à des malheureux qui gémissaient sous le poids de leur infortune. Il volait du palais à la chaumière, et revenait avec peine de la chaumière au palais. Ange de bienfaisance ! tu ne devais jamais mourir, si la vertu est immortelle.

Suivons-le sortant de France le 16 juillet 1789. En posant le pied sur un sol étranger, il se retourna plusieurs fois, les yeux baignés de larmes, en prononçant ces paroles : « O ma chère patrie ! quand te reverrai-je rendue à toi-même, et prête à recevoir dans ton sein ceux qui maintenant échappent à ta fureur !.... Qu'il était loin de s'imaginer alors qu'il y serait ramené par la force, et condamné sans être entendu ! Il est impossible d'accompagner mon héros dans ses exploits militaires (je me restreins aux faits qui n'ont pas été publiés) ; il suffit de dire que la Flandre admira sa valeur et bénit encore sa mémoire. Un nouveau trait bien digne du petit-fils du grand Condé se présente à mon imagination.

Une colonne française révolutionnaire s'était avancée sur Fleurus, dans le dessein d'y surprendre monseigneur le Duc d'Enghien et son auguste père, et d'envelopper une partie de l'armée royale. Les deux princes, unissant leur courage à d'habiles manœuvres, parviennent à sauver leurs compagnons d'armes et eux-mêmes, malgré l'infériorité de leurs forces et les dangers de la surprise. Dans la marche forcée, le Duc d'Enghien, à qui rien n'échappait de ce qui pouvait le faire admirer et chérir, apercevant plusieurs anciens officiers détachés de leurs corps, qu'ils cherchaient en vain à rejoindre, le sac sur le dos, faisant alors le métier de simples soldats, demande à ses aides-de-camp, qui sont ces braves gens-là. « Ce sont des traîneurs, répondit le plus jeune. — Vous avez raison, reprit le Duc, ils se traînent effectivement, car ils sont exténués de fatigue. Courez à eux, et faites les approcher. » Ils arrivent au nombre de sept. Le prince descendant aussitôt de cheval en fait descendre en même temps ses aides-de-camp et autres de sa suite, et dit aux vieux militaires : « Montez, mes amis, il est juste que vous ayez votre tour ; » et il fit à pied cinq grandes lieues sans vouloir reprendre sa monture. Jugez vous mêmes, M. T. C. F., de la bonté de son cœur et de la générosité de son âme.

Après le licenciement de l'armée commandée par monseigneur le duc de Bourbon, l'un et l'autre vinrent rejoindre celle que commandait monseigneur le prince de Condé. On y vit trois générations de héros combattre et se multiplier au milieu des dangers. Le passage des lignes de Weissembourg, la prise de Berstein, le combat sur l'Isère, suffiraient pour immortaliser le Duc d'Enghien. Ajouterai-je que non loin de Munich (ville qui me sera toujours chère par les vertus sublimes de son auguste souverain (Maximilien-Joseph), et par le souvenir de tant de bienfaits qu'il répandit constamment sur les malheureuses familles émigrées qu'il avait prises sous sa protection), j'ai lu, gravés sur le mur d'une chapelle antique, ces mots à la louange de monseigneur le Duc d'Enghien : *Là triompha le Duc d'Enghien, notre vainqueur et notre sauveur;* caractères tracés de la main des prisonniers français, blessés ou accablés de besoins, auxquels il fit donner les plus prompts secours, en disant : « Qu'importe la cause qu'ils défendent : ils sont Français et malheureux ; ils m'intéressent doublement. » Mais laissons là ses hauts faits pour le suivre à Ettenheim après un nouveau licenciement : c'est-là que goûtant les douceurs d'une vie paisible et exempte de tout reproche, il est assailli par des satellites mercenaires, lié comme un criminel et traduit de prisons en prisons jusqu'au château de Vincennes. Ici, j'apprends, auguste captif, qu'en entrant dans la chambre qui t'était préparée, tu dis à un des gardes : « Si je suis condamné à demeurer ici, ma retraite sera supportable (l'appartement, quoique peu fait pour un prince du sang, était décemment meublé). Ce n'était pas assez d'être épuisé par la fatigue, tu étais dévoré par une faim de plusieurs jours, et, près de succomber sous l'excès du besoin, tu reçois quelque nourriture !

A peine monseigneur le Duc d'Enghien commençait-il à respirer, qu'il entend s'avancer vers lui sourdement les cohortes sangui-

naires chargées d'accomplir l'œuvre d'iniquité.
Il prête une oreille plus attentive. On marche,
mais dans un silence mystérieux. Il soupçonne
quelque perfidie ; mais il conserve encore
quelque espérance. On arrive à lui, on lui
commande de suivre. A mesure qu'on l'en-
traîne vers l'abîme, il fait de pénibles réflexions.
Il médite, puis il demande : « Où me conduisez-
vous ? est-ce à la mort ? dites-le moi. » Point de
réponse : il semble que toute la nature soit
sourde à sa voix...... Enfin il arrive dans cet
effroyable fossé où il doit terminer sa carrière.
On veut lui bander les yeux et le faire mettre
à genoux ; il s'y oppose. C'est alors que levant
les mains vers le Ciel, ces paroles touchantes
sortirent de sa bouche : « Mon Dieu ! c'en est
fait de moi !........ Je n'ai plus d'espoir que
dans le Seigneur. *Quæ est expectatio mea,
nonne Dominus ?* » Il donne sa bourse et sa
montre à ceux dont il croyait avoir le moins à
se plaindre. Il demande les secours de cette
religion consolante qui triomphe de tous les
maux : on les lui refuse..... Alors il se prosterne
de lui-même ; il invoque le Tout-Puissant, il
implore sa miséricorde. Il priait encore, lors-
qu'on s'approche une seconde fois pour lui
bander les yeux. Tout à coup il se relève en

disant avec cette fermeté qui le caractérisa toute sa vie : « Je ne fléchis le genou que devant Dieu, et je n'ai pas besoin de masque ; les Condés n'ont jamais eu peur.» Les balles meurtrières atteignent le cœur du prince héros!.... il tombe....... et meurt victime d'un joug étranger!.....................

Peu s'en faut que je ne finisse ici mon discours. Mes sens se troublent, j'éprouve un saisissement, toutes mes facultés m'abandonnent; le Duc d'Enghien est mort!....... Anathême aux traîtres, aux ingrats, aux perfides qui l'on fait mourir. Mais qui oserait crier anathême, quand le Roi crie grâce !.... Gloire éternelle à ses généreux défenseurs, aux fidèles compagnons de ses infortunes, aux âmes affligées et inconsolables ! Gloire éternelle aux amis du trône et de l'autel, aux protecteurs des lis, aux colonnes inébranlables de la chaire de saint Pierre! Admirons ceux-ci, pardonnons à ceux-là. Qu'à jamais la terre arrosée du sang du juste soit détrempée avec nos larmes, jusqu'à ce qu'un monument digne du rejeton de tant d'illustres aïeux, lui soit élevé dans le temple du Dieu de ses pères, où l'appellent nos désirs et nos vœux (*au milieu de la Sainte-Chapelle rendue au culte divin*), et où Vincennes ne cessera de se porter en foule pour honorer sa mémoire. Que vois-je? déjà sur sa tombe un épitaphe!

CI GIT

GRACES, VERTUS, JEUNESSE,
BRAVOURE, HONNEUR ET GLOIRE.

Heureux qui peut emporter de semblables titres au tombeau!

Qu'on ne vienne plus me dire qu'il existe au château de Vincennes deux têtes précieuses, et que l'une de ces têtes est le Duc d'Enghien. Ce malheureux prince ne vit plus, sinon dans nos cœurs! En y laissant une plaie toujours renaissante, sa fin tragique passera de bouche en bouche, et les pères diront avec émotion à leurs enfans : Ici demeurait saint Louis, roi, père et juge de ses peuples ; et là périt par une main barbare son adorable petit-fils ! En voilà trop, mes chers auditeurs, pour des âmes sensibles. Terminons un sujet que nous voudrions effacer des annales de Vincennes, quoiqu'un forfait commis sur une terre innocente ne doive pas porter l'empreinte de l'infamie.

O saint Louis ! ô Louis XVI, dont le sacrifice fume encore ! placés auprès du Roi des rois dans la céleste patrie, où, en priant, en adorant l'Eternel, vous reçûtes la jeune victime formée de votre propre sang, après que le Seigneur l'eut regardée d'un œil de complaisance et de commisération, obtenez de la Providence divine le pardon absolu et l'oubli parfait de tant de crimes commis en France, afin que les Français, redevenus hommes libres et sujets heureux sous l'empire de leur légitime Souverain, confus du passé, profitent du présent, et consacrent l'avenir à prouver au monde entier qu'ils sont encore dignes du nom Français, en jurant pour jamais à Louis XVIII, à toute l'auguste famille des Bourbons,

AMOUR ET FIDÉLITÉ.

FRAGMENT

Du Discours prononcé par M. le Curé de Vincennes, le Dimanche premier Mai, surveille de l'entrée de Louis XVIII à Paris.

La paix avec le monde va nous donner une nouvelle existence. Nous en jouissons enfin, Messieurs, de cette paix si long-temps désirée, de cette paix nécessaire à nos cœurs, grâces aux Alexandres, aux François, aux Frédérics et autres grands monarques qui, à travers une infinité d'obstacles, nous l'ont apportée de régions en régions jusqu'au centre de ce beau royaume, que leur génie créateur fonde sur des bases inébranlables, en lui rendant ses princes légitimes, sa religion et ses lois. O Souverains magnanimes, dont les fronts couverts de lauriers fixent les regards de l'Europe entière dans la route qui mène à l'immortalité ; si vous ne naissez pas avec des âmes privilégiées, on peut dire néanmoins que vous avez quelque chose au-dessus des autres hommes, puisqu'au lieu d'user de votre force pour commander, vous n'avez d'empire que pour rendre les peuples à eux-mêmes, et leur enseigner l'art d'être heureux! Respirons tous à l'ombre des vertus sublimes des descendans de saint Louis, qui, pendant près de huit siècles, illustrèrent le trône de France. Mais ne serait-ce point une illusion? Mes yeux ne se trompent-ils pas? Mes sens me séduiraient-ils? Non, non, plus de prestiges; le jour de triomphe paraît, les ténèbres sont dissipées, la clarté revient, le soleil luit, le calme succède à la tempête, l'ordre de la nature est rétabli. Fidélité parfaite, tu es récompensée! Liberté chérie, tu es respectée! Pure innocence, tu es reconnue! Sang des Bourbons, tu es vengé! Piété de Pie VII, tu es couronnée!... Le petit-fils de Henri IV, le frère de Louis XVI règne sur les Français. Béni soit le Dieu des armées, qui dispose ainsi, dans la profondeur de sa sagesse, des sceptres et des couronnes. Mais qu'entends-je? un murmure religieux!... Toutes les voix se confondent pour demander avec enthousiasme quand arrivera le bien-aimé Louis XVIII, le désiré de son peuple, le plus vertueux et le plus chéri des monarques!... Silence et recueillement!... Adorons la divine Providence, qui daigne exaucer nos vœux et nos prières. Il arrivera mardi à l'heure où le soleil brille dans tout son éclat. Oui, nous le verrons après demain notre bon Roi, nous le posséderons, nous le bénirons; il ne manquera plus rien à notre bonheur. Remercions Dieu de nous l'avoir conservé ; prions pour la prospérité de son règne, pour toute l'auguste famille des Bourbons, la seule qui ait des droits sacrés à notre amour et à notre fidélité, etc. etc. etc.

FIN.

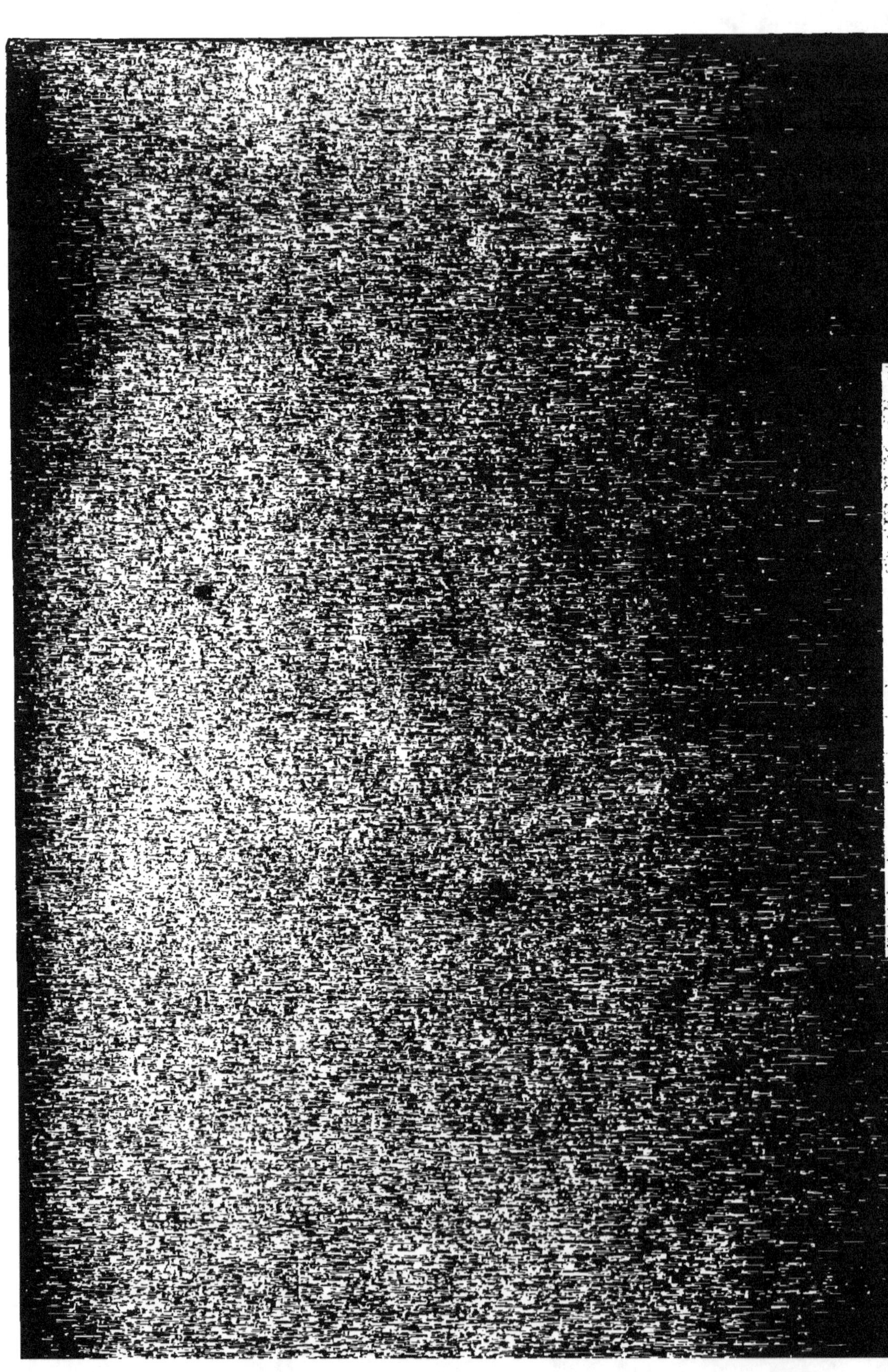